LAS MATEMÁTICAS EN NUESTRO MUNDO

VAMOS A EXPLORAR
CUERPOS SÓLIDOS
EN LA RED

Por Linda Bussell

Consultora de lectura: Susan Nations, M.Ed.,
autora, consultora de alfabetización/consultora de desarrollo de la lectura
Consultora de matemáticas: Rhea Stewart, M.A.,
especialista en recursos curriculares de matemáticas

WEEKLY READER®
PUBLISHING

Please visit our web site at www.garethstevens.com
For a free color catalog describing our list of high-quality books,
call 1-800-542-2595 (USA) or 1-800-387-3178 (Canada). Our fax: 1-877-542-2596

Library of Congress Cataloging-in-Publication Data

Bussell, Linda.
    [Exploring solid figures on the web. Spanish]
    Vamos a explorar cuerpos sólidos en la red / por Linda Bussell ; consultora de lectura,
    Susan Nations ; consultora de matemáticas, Rhea Stewart.
        p. cm. — (Las matemáticas en nuestro mundo. Nivel 3)
    Includes bibliographical references and index.
    ISBN-10: 0-8368-9295-X — ISBN-13: 978-0-8368-9295-6 (lib. bdg.)
    ISBN-10: 0-8368-9394-8 — ISBN-13: 978-0-8368-9394-6 (softcover)
    1. Geometry, Solid—Juvenile literature. 2. Geometry, Descriptive—Juvenile literature. I. Title.
QA491.B8618   2008
516.23—dc22   2008016880

This edition first published in 2009 by
Weekly Reader® Books
An Imprint of Gareth Stevens Publishing
1 Reader's Digest Road
Pleasantville, NY 10570-7000 USA

Creative Director: Lisa Donovan
Designer: Amelia Favazza, *Studio Montage*
Copy Editor: Susan Labella
Photo Researcher: Kim Babbitt

Spanish edition produced by A+ Media, Inc.
Editorial Director: Julio Abreu
Chief Translator: Luis Albores
Production Designer: Phillip Gill

Photo Credits: cover, title page: Corbis; p. 4: Hemera Technologies; p. 5: Tony Freeman/ Photo Edit;
p. 6: Mary Kate Denny/Photo Edit; pp. 7, 18: Photodisc; p. 8: David Pollack/Corbis; p. 10: Discovery
Science Center; p. 12: Kazuyoshi Nomachi/Corbis; p. 13: Richard Nowitz/Corbis; p. 14: Corbis;
p. 15: Patrick Ward/Corbis; p. 17: Jonathan Bailey Associates; p. 19: Staud/www.phototravels.net;
p. 20: Frans Lemmens/Getty Images

Printed in the United States

1 2 3 4 5 6 7 8 9 10 09 08

Contenido

Las palabras que aparecen en el glosario están impresas en **negritas** la primera vez que se usan en el texto.

Capítulo 1

Vistas de un sitio

Los estudiantes de la escuela King regresan de un descanso escolar. Se reúnen cerca de la biblioteca antes de la hora del club de computación. Platican sobre lo que hicieron durante el descanso.

Emily dice: "Visité a mi abuela". Muestra una postal de la ciudad donde vive su abuela. "Hay un edificio en la ciudad con forma de pirámide", dice Emily.

Otros estudiantes miran la foto. Tamara dice que ha visto la foto de un edificio con forma de **esfera**. Terrell ha visto un edificio que parece un **cubo**.

La clase decide hacer un sitio web sobre edificios con cuerpos geométricos.

4

Terrell tiene una idea. "Podemos hacer un sitio web para el proyecto del club de computación", dice. "Puede ser sobre edificios que tienen formas de cuerpos geométricos". Los estudiantes están de acuerdo. Piensan que será un proyecto divertido.

"Primero tenemos que encontrar fotos de edificios", dice Antonio. "Luego podemos hacer el sitio web".

"Hay que pedirles ayuda al bibliotecario y a la maestra de computación", dice Emily. Los estudiantes entran a la biblioteca y al laboratorio de computación.

Van a ver al señor Bowen, el bibliotecario. Le explican la idea para su proyecto. "Éste será un proyecto interesante", dice el señor Bowen. "Les ayudaré a buscar libros que puedan servirles".

Visitan a la maestra de computación, la señorita Washington. "Yo les ayudaré a diseñar su sitio web", dice la señorita Washington. "También les ayudaré con la investigación en Internet".

Los estudiantes quieren usar fotos en su sitio web. La señorita Washington dice: "Tienen que darles el crédito a los fotógrafos cuando usen fotos que no son suyas".

Estos estudiantes están investigando para encontrar diferentes edificios con formas de cuerpos geométricos.

Capítulo 2

Lugares con caras

Con la ayuda del señor Bowen y la señorita Washington, los estudiantes encuentran mucha información. Después platican sobre cómo hacer el sitio web.

"Deberíamos trabajar por parejas", dice Antonio. "Eso hará que el proyecto avance más rápido".

"Es una buena idea", dice Tamara. "Cada pareja deberá encontrar información y una fotografía. Y puede compartir la información con el grupo".

"Cada pareja puede aprender algo sobre un cuerpo geométrico diferente", dice Robert. "Después haremos nuestro sitio web".

Ana y Terrell trabajan juntos. Quieren encontrar información y una fotografía sobre un cuerpo geométrico. Hablan sobre los **prismas rectangulares**.

"Los prismas rectangulares son cuerpos geométricos", dice Ana. "Tienen seis caras que son rectángulos".

Terrell mira el sitio web en la computadora. "Muchos edificios de oficinas tienen forma de prismas rectangulares", dice.

La señorita Washington ayuda a Ana y Terrell. Buscan fotos de edificios. Encuentran fotos de muchos edificios de oficinas. La mayoría de los edificios tiene forma de prisma rectangular.

Éste es el edificio de las Naciones Unidas en Nueva York, Nueva York.

Antonio y Nicole buscan fotos de edificios con forma de cubo. "Los cubos son un tipo de prisma rectangular", dice Antonio. "Los cubos tienen 6 caras cuadradas".

Nicole dice, "Todas las caras cuadradas de un cubo son exactamente iguales".

La señorita Washington les ayuda a Antonio y Nicole a buscar en Internet. Buscan bajo "edificios cúbicos". Encuentran un edificio en California que parece un cubo.

"El cubo mide diez pisos de alto", dice Antonio. "Una de las caras del cubo está cubierta con 464 paneles solares. Los paneles solares convierten la luz del sol en energía".

Éste es el Discovery Science Center en Santa Ana, California.

Emily y Jessica estudian pirámides. "Una **pirámide regular** tiene una base cuadrada", dice Emily. "Sus cuatro caras en forma de triángulo se juntan en un mismo punto. La base también es una cara".

"¿Podemos buscar una foto de las Pirámides de Egipto?", pregunta Jessica.

El señor Bowen les ayuda a buscar una foto de las pirámides. La encuentran en un libro sobre Egipto. "Las pirámides son muy antiguas", dice Jessica. "Fueron construidas hace más de 4,500 años".

Éstas son las pirámides de Giza, en Egipto.

Capítulo 3

Cuerpos redondos, cuerpos desiguales

Algunos cuerpos geométricos no tienen caras lisas. Tienen superficies curvadas. Anthony y Robert investigan las esferas.

"Las esferas son cuerpos geométricos que son redondos", dice Anthony. "Una esfera tiene forma de pelota".

"Cada punto sobre la superficie curvada de una esfera está a la misma distancia del centro", dice Robert.

El señor Bowen les dice que un edificio por lo general no es una verdadera esfera. Una esfera sólo tocaría el suelo en un punto. Antonio encuentra la foto de una estructura que parece una esfera.

Ésta es la Astronave Tierra en el Centro Epcot de Disney en Orlando, Florida.

13

Erin y Kai investigan los **cilindros**. "Los cilindros también son cuerpos geométricos que parecen latas", dice Kai. "Dos de sus caras son círculos".

La señorita Washington les ayuda a buscar fotos de edificios que parecen cilindros. "Algunas torres tienen forma de cilindro", dice Erin.

Erin y Kai también buscan edificios que parecen **conos**. No encuentran ninguno. La señorita Washington les sugiere que busquen edificios con partes que parecen conos. Ella les ofrece ayuda.

Estos edificios como cilindros están en Los Angeles, California.

Un cono es un cuerpo geométrico. Tiene una base plana y redonda. Tiene una superficie curvada. La señorita Washington encuentra la foto de un castillo. El castillo tiene una torre. La torre tiene una punta con forma de cono. Erin y Kai planean hacer una página web sobre edificios con formas cónicas.

"Algunos edificios están hechos de diferentes cuerpos geométricos juntos", dice la señorita Washington.

"Busquemos más edificios que tengan más de un cuerpo", dice Erin.

"Podemos hacer una página web de edificios con cuerpos combinados", dice Kai.

Las torres del castillo tienen puntas cónicas.

Capítulo 4

Casa Abierta

Los estudiantes terminan su investigación sobre cuerpos geométricos. La señorita Washington les ayuda a hacer sus páginas web. Después, los estudiantes les ayudan a Erin y Kai. Encuentran muchos edificios hechos de más de un cuerpo geométrico.

Añaden una página web más para mostrar las fotos que encontraron. ¡Ésta es la página más interesante de todas! Finalmente, terminan el proyecto. Terminan su sitio web sobre edificios con cuerpos geométricos.

Están contentos. El sitio web es muy bueno. Los estudiantes planean mostrarlo durante la Casa Abierta.

El hospital Winnie Palmer en Orlando, Florida, tiene edificios con varios cuerpos geométricos.

La noche de la Casa Abierta, los padres, maestros y estudiantes visitan la biblioteca. Vienen a visitar el sitio web que crearon los estudiantes del club de computación. Todos se reúnen para ver el proyecto final.

Los estudiantes hablan sobre su sitio web. Cada visitante tiene una página favorita. A todos les gustan las fotos de cuerpos complejos. Esas páginas web muestran edificios que combinan dos o más cuerpos geométricos.

Una página web muestra un edificio de oficinas. Los estudiantes señalan algunos de los cuerpos a los visitantes. "Miren este edificio", dice Terrell. "Aquí hay un prisma rectangular".

"Este edificio parece que tiene muchos prismas rectangulares", dice Nicole. "Quisiera poder caminar alrededor de él y ver los otros lados. Esta parte tiene forma de cubo".

Pronto, los visitantes se turnan para decir los nombres de los cuerpos geométricos que encuentran.

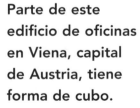

Parte de este edificio de oficinas en Viena, capital de Austria, tiene forma de cubo.

Los estudiantes muestran otra página web. La parte superior de un edificio está hecha de una fila de cubos. Cada cubo tiene un vértice que apunta hacia el cielo.

"Me pregunto cómo será caminar por dentro de este edificio", dice Kai. "¿Cómo cuelgan los cuadros adentro?"

"El club de computación ha hecho un trabajo excelente", dice el señor Bowen.

"Han aprendido cosas importantes sobre cuerpos geométricos", dice la señorita Washington.

Los visitantes felicitan a los estudiantes. Los miembros del club sonríen. Todos se divirtieron.

Estos apartamentos en forma de cubo están en Ámsterdam, Holanda.

¿Qué aprendiste?

(1) ¿Cuántas caras tienen 3 prismas rectangulares, 2 cubos, 2 cilindros y 4 pirámides?

(2) Mira alrededor de dónde vives. ¿Qué cuerpos geométricos ves? ¿Qué son?

Usa una hoja de papel separada.

Glosario

cilindro: un objeto sólido o hueco con forma de lata

cono: un cuerpo geométrico con punta que tiene una base plana y redonda

cubo: un cuerpo geométrico con seis caras cuadradas congruentes

esfera: un cuerpo geométrico que tiene la forma de una pelota

pirámide regular: un cuerpo geométrico con una base plana y cuadrada y cuatro caras con forma de triángulo que se juntan en un punto

prisma rectangular: un cuerpo geométrico con seis caras que son rectángulos

Índice

Nota acerca de la autora

Linda Bussell ha escrito y diseñado libros, materias educativas suplementarias y programas de software para niños y jóvenes. Ella vive con su familia en San Diego, California.